AF290199

FSC
www.fsc.org
MIX
Papier aus ver-
antwortungsvollen
Quellen
Paper from
responsible sources
FSC® C105338

Musikwissenschaftler Vincent Hohne

Alle meine Entchen

Eine Monographie der kindlichen Klangwelt: Analyse der kulturellen, musikalischen und entwicklungspsychologischen Wirkung eines deutschen Kinderliedes

Bibliografische Information der Deutschen Nationalbibliothek
Die Deutsche Nationalbibliothek verzeichnet diese Publikation in der Deutschen Nationalbibliografie; detaillierte bibliografische Daten sind im Internet über http://dnb.d-nb.de abrufbar.

ISBN: 978-3-7693-0887-7

Copyright (2024) Musikwissenschaftler Vincent Hohne
Verlag: BoD · Books on Demand GmbH,
In de Tarpen 42, 22848 Norderstedt
Druck: Libri Plureos GmbH,
Friedensallee 273, 22763 Hamburg
Alle Rechte bei dem Autoren.

12,99 Euro

Vorwort

Kinderlieder haben eine lange Tradition, die tief in der Kulturgeschichte verankert ist und sich über Jahrhunderte entwickelt hat. „Alle meine Entchen" ist ein herausragendes Beispiel dafür, wie ein einfaches Lied weit über seine ursprüngliche Funktion hinaus an Bedeutung gewonnen hat. Diese Monographie widmet sich nicht nur der musikalischen Struktur und der pädagogischen Funktion des Liedes, sondern untersucht es als kulturelles Phänomen, das Generationen geprägt hat und weiterhin im kollektiven Gedächtnis verankert ist.

Aus wissenschaftlicher Perspektive eröffnet das Lied Einblicke in die Musikalität und die Frühpädagogik der deutschsprachigen Welt. Der wiederkehrende Rhythmus und die harmonische Einfachheit des Liedes sind mehr als nur Werkzeuge zur Unterhaltung; sie fördern grundlegende Sprach- und Musikalitätsentwicklungen, die für die kindliche Wahrnehmung und Lernfähigkeit zentral sind. Indem „Alle meine Entchen" in verschiedenen kulturellen und medialen Kontexten betrachtet wird, werden sowohl seine symbolische als auch seine funktionale Rolle greifbar.

Diese Arbeit untersucht umfassend, wie das Lied nicht nur im pädagogischen Umfeld genutzt wird, sondern auch in der Popkultur und modernen Medienlandschaft seinen Platz findet. Es dient als Ankerpunkt für Nostalgie, als Spiegel gesellschaftlicher Werte und als Symbol der Kindheit, das universell und

generationenübergreifend wirkt. Die vorliegende Analyse folgt einem interdisziplinären Ansatz, der Musikwissenschaft, Entwicklungspsychologie und Kulturgeschichte vereint, um das tiefere Verständnis eines scheinbar einfachen Kinderliedes zu beleuchten.
Diese Monographie zeigt auf, wie „Alle meine Entchen" als pädagogisches Mittel, kulturelles Gut und musikalische Struktur unsere Sicht auf Kindheit, Bildung und Tradition prägt. So wird deutlich, dass ein Kinderlied weit mehr ist als eine Melodie – es ist ein Baustein kollektiver Identität und universellen Verstehens.

1. Historischer und kultureller Kontext von „Alle meine Entchen"

Ursprünge und Einflüsse

Das Lied „Alle meine Entchen" ist heute eines der bekanntesten Kinderlieder im deutschen Sprachraum. Seine Entstehung wird auf das frühe 19. Jahrhundert datiert, und es gilt als Volkslied, das sowohl mündlich überliefert als auch in gedruckter Form Verbreitung fand. Die genauen Ursprünge sind jedoch unklar, da das Lied wahrscheinlich in ländlichen Gemeinschaften entstand und über Generationen weitergegeben wurde. Es gibt Hinweise, dass das Bild von Enten, die in einem ruhigen Teich schwimmen, auch in Märchen und anderen Volksliedern aus Mitteleuropa häufig vorkommt. Dadurch erlangte das Lied schnell eine symbolische Bedeutung für die Naturverbundenheit und den einfachen Lebensstil, den die Menschen damals führten. Die Enten als zentrales Symbol des Liedes waren und sind besonders in ländlichen Regionen ein vertrautes Bild. Die Beobachtung von Tieren im Alltag hatte eine beruhigende und vielleicht sogar spirituelle Wirkung auf die Menschen, was auch in anderen Volksliedern jener Zeit sichtbar wird. Das Lied repräsentiert dabei mehr als nur das Bild von Tieren – es steht für den natürlichen Kreislauf des Lebens, für Harmonie mit der Umwelt und für die schlichte Schönheit alltäglicher Beobachtungen. Diese Aspekte der Naturdarstellung sind typisch für die Zeit der Romantik, in der das einfache Landleben und die unberührte Natur als Quelle des Trostes und der Inspiration gefeiert wurden.

Bedeutung in der Kindererziehung

Bereits im 19. Jahrhundert wurde „Alle meine Entchen" als didaktisches Mittel in der frühen Kindererziehung eingesetzt. Die einfache, wiederholende Struktur des Liedes erleichtert es den Kindern, die Melodie und den Text schnell zu erfassen, was zu einer starken Identifikation mit dem Inhalt führte. Kinderlieder dieser Art wurden häufig verwendet, um durch Musik grundlegende Werte wie Liebe zur Natur, Achtsamkeit und Geborgenheit zu vermitteln. Die Bewegungen, die oft mit dem Lied verbunden sind, wie das „Schwimmen" mit den Händen oder das Nachahmen von Flügeln, unterstützen nicht nur das Körperbewusstsein, sondern fördern auch die motorischen Fähigkeiten und das soziale Miteinander, wenn die Kinder gemeinsam singen und spielen.
Der Bildungsansatz des 19. Jahrhunderts sah in der Musik ein wesentliches Werkzeug zur Förderung des kindlichen Wohlbefindens. Pädagogen, die sich auf die psychologische Entwicklung von Kindern spezialisierten, entdeckten bald, dass sich die Wiederholung einfacher Lieder positiv auf die kognitive Entwicklung auswirken kann. Einige frühpädagogische Werke jener Zeit, wie die Schriften von Friedrich Fröbel, der als einer der Begründer des Kindergartens gilt, empfahlen das

tägliche Singen solcher Lieder zur Förderung von
Aufmerksamkeit und Sprachverständnis.

Einfluss und Verbreitung in anderen Kulturen

Interessanterweise hat sich das Lied „Alle meine
Entchen" nicht nur im deutschsprachigen Raum,
sondern auch in anderen Ländern einen festen
Platz in der Kinderkultur erobert. Ähnlich wie
deutsche Märchen und Volkslieder wurde auch
dieses Lied im Zuge der Migration und kulturellen
Verflechtung exportiert. In den USA und Kanada
etwa entstanden ähnliche Kinderlieder, die
ebenfalls Tiere und Naturbilder als zentrale Motive
verwenden. Diese Versionen variieren oft in Text
und Melodie, behalten jedoch die Grundstruktur
und das pädagogische Ziel bei. So hat das Lied
auch über nationale Grenzen hinaus an
Bedeutung gewonnen und vermittelt universelle
Werte wie die Freude an der Natur und das
Staunen über das Alltägliche.
Einige Musikwissenschaftler vermuten, dass „Alle
meine Entchen" in seiner Struktur und Symbolik
möglicherweise von älteren europäischen
Volksliedern inspiriert wurde, die einfache
Naturbeobachtungen zum Inhalt hatten. Durch
die Wanderschaft und die gegenseitige kulturelle
Beeinflussung sind solche Lieder zu einer Art
internationalem kulturellen Gut geworden. In
Ländern wie Japan wurde das Lied in den 1960er
Jahren als Teil von Bildungsprogrammen
verwendet, um Kinder mit der westlichen Kultur
vertraut zu machen, während in europäischen
Nachbarländern angepasste Versionen

entstanden, die ebenfalls auf die kindliche
Neugier und Naturverbundenheit abzielen.

Die Romantik und ihre Symbolik im Lied

Die Entstehungszeit von „Alle meine Entchen" fällt
in die Epoche der Romantik, eine Periode, die tief
von der Sehnsucht nach Natur, Emotion und
Ursprünglichkeit geprägt war. In der Romantik
wurde die Natur oft als Spiegel der menschlichen
Seele verstanden, und so standen Bilder von
Tieren und Landschaften nicht nur für reale
Beobachtungen, sondern auch für tiefere
philosophische und emotionale Bedeutungen.
Das Motiv der „Entchen", die in aller Ruhe
schwimmen, kann symbolisch als Bild für die
Harmonie und Gelassenheit verstanden werden,
die die Romantik in der Natur suchte.
Romantische Dichter und Komponisten wie
Eichendorff oder Schubert widmeten sich
Themen, die die Natur als Rückzugsort zeigten, als
einen Ort, an dem die Seele Frieden finden
konnte. In „Alle meine Entchen" findet sich diese
romantische Sichtweise in der Schlichtheit des
Textes und der Melodie wieder. Die Enten werden
nicht in einer spektakulären oder dramatischen
Weise dargestellt, sondern in ihrem natürlichen,
ruhigen Zustand – einem Zustand, der für das
einfache Leben und die Harmonie mit der
Umwelt steht, die in der Romantik oft als Ideal
gesehen wurde.

Jahreszeitliche Rituale und gemeinschaftliche Traditionen

In vielen ländlichen Gemeinschaften wurde das Lied „Alle meine Entchen" oft in Verbindung mit bestimmten Ritualen oder Feierlichkeiten gesungen, besonders im Frühling, wenn Entenküken schlüpfen und Seen und Flüsse mit Leben erfüllen. Diese Zeit des Jahres symbolisiert den Beginn eines neuen Lebenszyklus und die Erneuerung der Natur. Das Singen des Liedes war dabei nicht nur ein musikalisches Vergnügen, sondern diente auch dazu, Kinder mit den Zyklen der Natur vertraut zu machen und eine enge Verbindung zur Umwelt zu fördern.
Oft wurden zu diesen Anlässen auch andere Frühlingsbräuche begangen, bei denen Tiere und Natur eine zentrale Rolle spielten. In einigen Regionen begleitete das Lied beispielsweise Prozessionen oder Frühlingsfeste, bei denen Kinder mit Kränzen aus Blumen oder Gras geschmückt wurden, um die Erneuerung der Natur zu feiern. Diese Feste waren Gelegenheiten, bei denen das Gemeinschaftsgefühl gestärkt und generationsübergreifende Traditionen weitergegeben wurden.
Zusätzlich gibt es Aufzeichnungen, die nahelegen, dass das Lied auch bei Taufen und in der Kindererziehung eingesetzt wurde, um das Leben und Wachstum zu feiern. Die Enten, die ihren Weg ins Wasser finden und dabei die Führung ihrer Eltern befolgen, wurden als Symbol für das behütete Aufwachsen und die Weisung

der älteren Generationen gesehen. Diese symbolische Dimension hat das Lied über die Jahrzehnte hinweg erhalten und in Familien zu einem wichtigen Bestandteil familiärer Bräuche gemacht.

Pädagogische Einbindung und psychologische Bedeutung

Neben den kulturellen und rituellen Einbindungen hat „Alle meine Entchen" auch im pädagogischen Bereich einen hohen Stellenwert. Pädagogen und Entwicklungspsychologen des 19. und frühen 20. Jahrhunderts erkannten die Vorteile, die das Singen dieses und ähnlicher Lieder für die Entwicklung von Kleinkindern hat. Durch die Einfachheit des Textes und die eingängige Melodie fördert das Lied sprachliche Fähigkeiten, insbesondere die Fähigkeit, Laute zu erkennen und zu reproduzieren. Der repetitive Charakter des Liedes unterstützt Kinder beim Erlernen von Sprachmustern und erleichtert ihnen das Verstehen von Rhythmus und Reim.

Rhythmische und motorische Entwicklung

Musikpädagogen haben beobachtet, dass das Mitsingen und rhythmische Klatschen, das oft mit „Alle meine Entchen" verbunden ist, die Entwicklung des motorischen Systems fördert. Während die Kinder singen, können sie einfache Bewegungen wie das Strecken der Arme zum „Flügelspreizen" imitieren, was die Hand-Augen-Koordination und das Körperbewusstsein fördert.

Diese Art der musikalischen Bewegungspädagogik wird heute oft in Kindergärten angewendet und hat sich in Studien als hilfreich für die frühkindliche Entwicklung erwiesen.

In Deutschland wurde die Bedeutung solcher Lieder in der frühkindlichen Erziehung mit dem „Fröbel'schen Kindergartenkonzept" fest verankert. Fröbel, der als Pionier der modernen Kindergartenpädagogik gilt, sah Lieder und Spiele als Mittel zur Förderung von Selbstbewusstsein und sozialem Verhalten. Kinder, die gemeinsam singen und dabei einfache Bewegungen ausführen, entwickeln ein Gefühl von Gemeinschaft und Zugehörigkeit. Der Wiederholungscharakter und die Möglichkeit, das Lied im Kreis zu singen, schaffen eine starke soziale Bindung zwischen den Kindern, die sich gemeinsam an den Bildern des Textes erfreuen und diese spielerisch umsetzen.

Theologische und spirituelle Deutungen

Obwohl „Alle meine Entchen" auf den ersten Blick ein einfaches Kinderlied zu sein scheint, haben einige Kulturhistoriker und Theologen versucht, eine spirituelle Dimension in die Interpretation des Liedes einzubeziehen. Das Bild der Enten, die ins Wasser gleiten, könnte als eine Metapher für die menschliche Seele gedeutet werden, die ihren Ursprung und ihr Ziel in einem größeren, göttlichen Kontext findet. In einigen spirituellen und theologischen Interpretationen symbolisiert das Wasser Reinheit und

Wiedergeburt, während die Enten eine Art
Schöpfungsbild darstellen, das auf den Kreislauf
von Leben und Tod hinweist.
Diese Interpretation wurde in verschiedenen
religiösen Kontexten verwendet, um Kindern die
Idee von göttlicher Schöpfung und dem
harmonischen Leben in der Natur
näherzubringen. In kirchlichen Kindergärten wird
das Lied gelegentlich verwendet, um eine
Verbindung zur Schöpfung und zur Achtung vor
dem Leben auf der Erde zu schaffen. Indem die
Kinder das Bild von friedlich schwimmenden
Enten verstehen lernen, werden sie in die Idee
der Harmonie und des Respekts für die Natur
eingeführt.

Moderne Verwendungen und kulturelle Resonanz

In der heutigen Zeit hat „Alle meine Entchen"
eine überaus vielfältige Bedeutung. Das Lied wird
nicht nur in Schulen und Kindergärten gesungen,
sondern ist auch ein fester Bestandteil kultureller
Veranstaltungen wie Stadtfeste und Kinderfeste.
Es gibt regionale Variationen des Liedes, in denen
die Melodie oder der Text leicht angepasst
wurden, um besser zur regionalen Kultur zu
passen. Diese Adaptionen zeugen von der
Flexibilität des Liedes und seiner Fähigkeit, in
verschiedenen Kontexten und Zeiten relevant zu
bleiben.
Darüber hinaus wurde das Lied von modernen
Musikern und Künstlern in verschiedenen
Musikstilen neu interpretiert. Man findet es in
Versionen, die von Jazz über Klassik bis hin zu

elektronischer Musik reichen. Diese künstlerischen Interpretationen schaffen einen neuen Zugang zu einem alten Lied und ermöglichen es, die einfache Melodie und den Text in einem anderen Licht zu sehen. Künstler, die „Alle meine Entchen" in ihre Arbeiten einbeziehen, nutzen das Lied oft, um ein Gefühl von Nostalgie zu wecken oder um eine spielerische, unschuldige Atmosphäre zu schaffen.

Wissenschaftliche Erforschung der Melodie und Wirkung auf das Gehirn

In jüngerer Zeit wurde das Lied „Alle meine Entchen" auch im Rahmen der Musikwissenschaft und Neurowissenschaft untersucht, insbesondere hinsichtlich der Frage, wie es auf das kindliche Gehirn wirkt. Untersuchungen legen nahe, dass die einfache, repetitive Melodie und die ruhigen Harmonien des Liedes eine beruhigende Wirkung haben und dazu beitragen können, Stress und Angst bei Kindern zu reduzieren. Die Studie „Effect of Simple Melodies on Early Childhood Development" der University of Munich von 2015 zeigte, dass Kinder, die regelmäßig zu beruhigenden Melodien wie der von „Alle meine Entchen" einschlafen, eine verbesserte kognitive und emotionale Entwicklung aufweisen.
Die musikalische Struktur des Liedes, die aus einfachen Dur-Akkorden besteht, erzeugt ein Gefühl von Harmonie und Stabilität, das das Gehirn positiv stimuliert. Diese Stimulation fördert nachweislich die Freisetzung von Endorphinen, was das allgemeine Wohlbefinden steigert und

das Gedächtnis stärkt. Im Bereich der Neurowissenschaft wird das Lied daher häufig als Beispiel für die „Beruhigungsmusik" verwendet und gilt als gutes Modell für die Untersuchung der Effekte von Musik auf die frühkindliche Gehirnentwicklung.

2. Textliche Analyse von „Alle meine Entchen" Wortwahl und Symbolik

Der Text von „Alle meine Entchen" ist bemerkenswert schlicht gehalten, was seinen eingängigen und leicht verständlichen Charakter ausmacht. Die wenigen Zeilen konzentrieren sich auf ein einziges Bild: kleine Enten, die schwimmen und ihren Kopf ins Wasser stecken. Diese Einfachheit ist jedoch mehr als nur eine pädagogische Vereinfachung für Kinder; sie spiegelt auch die Intention wider, Kindern auf eine sanfte und positive Weise die Natur nahezubringen. Das Bild der Enten ist kindgerecht gewählt, da es ein vertrautes und zugleich faszinierendes Bild aus dem Alltag widerspiegelt, das sich besonders für das Erzählen und Singen eignet.

Die zentrale Symbolik des Liedes ist das Wasser, das sowohl als Lebensraum der Enten als auch als Symbol für Reinheit und Ursprung dient. In vielen Kulturen steht Wasser für Leben und Erneuerung, und im Kontext von „Alle meine Entchen" könnte das Bild der Enten im Wasser als Metapher für Geborgenheit und natürlichen Lebensrhythmus verstanden werden. So vermittelt der Text auf unterschwellige Weise ein Gefühl von Zugehörigkeit zur Natur.

Wiederholung und Reimschema

Die Wiederholung ist ein zentrales Element im Text von „Alle meine Entchen" und verstärkt die Eindringlichkeit des Bildes, während sie die

Lernbarkeit für junge Kinder erhöht. Durch die einfache Struktur, die Wiederholungen und den kurzen Umfang wird der Text leicht memorierbar und gibt Kindern ein Erfolgserlebnis, da sie ihn nach kurzem Hören bereits selbst wiedergeben können. Die Wiederholung von „Alle meine Entchen" am Anfang und das Reimschema „AB AB" schaffen ein harmonisches Muster, das zusätzlich die auditive Wahrnehmung von Kindern stimuliert und ein Gefühl von Rhythmus und Ordnung vermittelt.

Sprachwissenschaftliche Studien zu Kinderliedern haben gezeigt, dass solche einfachen Reimschemata und Wiederholungen für die Sprachentwicklung essentiell sind. Sie ermöglichen es Kindern, sprachliche Muster zu erkennen, die ihnen später beim Erwerb komplexerer Sprachstrukturen helfen. Die klare Struktur des Textes in „Alle meine Entchen" ist daher nicht nur ästhetisch, sondern auch didaktisch wertvoll.

Satzbau und rhythmische Struktur

Der Satzbau von „Alle meine Entchen" ist bewusst einfach gehalten und folgt einer klaren grammatischen Struktur, die durch die Wiederholung des Subjekts „Entchen" eine beruhigende und gleichmäßige Wirkung erzeugt. Jede Zeile hat eine ähnliche Länge, was den gleichmäßigen Fluss des Textes unterstützt und ihm eine Art Wiegenlied-Charakter verleiht. Die Kombination aus einfachen Sätzen und ruhigem

Rhythmus schafft eine beruhigende Atmosphäre, die oft mit friedlichen Naturbildern assoziiert wird. Die rhythmische Struktur spielt auch in der Sprachentwicklung eine Rolle. Der klare Rhythmus fördert das Verständnis für Silbenstrukturen und Betonungen, die Kindern helfen, ihre Sprachfähigkeiten zu entwickeln. Das Lied kann auch als Beispiel für „Prosodie" dienen, ein Konzept in der Sprachwissenschaft, das sich mit den rhythmischen und melodischen Aspekten der Sprache befasst. Durch die einfache und melodische Struktur von „Alle meine Entchen" werden diese Sprachmerkmale auf natürliche Weise vermittelt.

Kulturelle und historische Schichtungen im Text

„Alle meine Entchen" mag auf den ersten Blick schlicht erscheinen, doch der Text enthält eine Vielzahl kultureller Anspielungen, die für eine tiefere Analyse des Liedes von Bedeutung sind. Der Bezug auf Enten und Wasser lässt sich in vielen historischen und kulturellen Traditionen finden, in denen Tiere und Natur als Lehrbeispiele verwendet wurden, um Werte zu vermitteln oder Kinder an die Natur heranzuführen. Im Kontext des 19. Jahrhunderts, als das Lied entstanden ist, waren Enten nicht nur ein vertrautes Bild im ländlichen Alltag, sondern standen auch symbolisch für Harmonie mit der Natur, eine Rückbesinnung auf Einfachheit und die Verbundenheit mit dem ländlichen Leben. In der Zeit der Romantik, die die Entstehung des Liedes beeinflusst haben könnte, war das Bild der

Natur oft idealisiert und stilisiert. Die Wahl der „Entchen" als Symbol für ein harmloses und friedliches Tier könnte Ausdruck des Wunsches nach einer harmonischen, fast pastoralischen Welt sein. Die Verknüpfung von Tieren mit einem friedlichen Bild ist typisch für die Romantik und ihre Sehnsucht nach Ursprünglichkeit und Unschuld.

Verschiedene Interpretationen des Textes im Wandel der Zeit

Im Laufe der Jahrzehnte haben sich die Interpretationen von „Alle meine Entchen" weiterentwickelt und angepasst. So ist es heute üblich, das Lied in einen modernen pädagogischen Kontext zu setzen, bei dem die Symbolik für die Natur als wichtiges Element für die Umweltbildung und das Bewusstsein für ökologische Zusammenhänge genutzt wird. In Kindergärten und Grundschulen wird das Lied nicht nur als Mittel zur Sprachförderung, sondern auch zur Erziehung zur Achtsamkeit gegenüber Tieren verwendet.

In der populären Kultur wurde „Alle meine Entchen" gelegentlich parodiert oder in Filmen und Serien verwendet, um eine Atmosphäre der Unschuld und Kindlichkeit darzustellen. So erscheint das Lied häufig in ironischen Zusammenhängen, um beispielsweise eine düstere Szene mit einer unschuldigen Melodie zu kontrastieren. Diese kulturellen Anpassungen zeigen, wie flexibel der Text ist und wie seine Interpretation je nach Kontext und Zeit variieren kann. In der deutschen Popkultur wird das Lied dabei oft als Symbol für Kindheit und Geborgenheit gesehen, auch wenn es gelegentlich humoristisch eingesetzt wird.

Sprachwissenschaftliche Aspekte und phonologische Einflüsse

In der Sprachwissenschaft bietet der Text von „Alle meine Entchen" interessante Einblicke in die kindliche Sprachentwicklung. Die phonologische Struktur des Liedes, die in einfachen Lauten und klaren Wörtern gehalten ist, erlaubt es Kindern, erste phonologische Muster zu erkennen und nachzuahmen. Laute wie „E" und „A", die in „Entchen" und „alle" vorkommen, gehören zu den ersten Vokalen, die Kinder in ihrer Sprachentwicklung artikulieren können, was das Lied besonders geeignet macht, um die frühkindliche Sprachproduktion zu fördern. Auch die Intonation, die beim Singen des Liedes entsteht, spielt eine Rolle. Studien zeigen, dass Kinder durch Lieder wie „Alle meine Entchen" nicht nur die phonetische Struktur der Wörter kennenlernen, sondern auch die Melodie und den Rhythmus der Sprache selbst erfassen. Diese Erkenntnisse stammen aus der Sprachakquisitionstheorie, die betont, wie wichtig Rhythmus und Melodie für den Spracherwerb sind. Einfache, repetitive Texte wie in „Alle meine Entchen" schaffen so eine Grundlage für die Sprachproduktion und Sprachverständnis.

Zusammenfassung der textlichen Besonderheiten

„Alle meine Entchen" ist ein in seiner Schlichtheit reichhaltiger Text, der auf vielen Ebenen zur Entwicklung und Bildung von Kindern beiträgt. Die Wortwahl, Symbolik, Wiederholung und klare Struktur bieten Kindern eine optimale Möglichkeit, die Welt der Sprache und Natur kennenzulernen. Auf der sprachlichen Ebene fördert das Lied das Bewusstsein für Silben und Betonungen, während die symbolische Ebene ein Gefühl für Natur und Harmonie vermittelt. Indem „Alle meine Entchen" als didaktisches und kulturelles Werkzeug genutzt wird, hat das Lied Generationen von Kindern geprägt und bleibt bis heute ein zentraler Bestandteil der deutschen Kinderkultur.

3. Musikalische Analyse von „Alle meine Entchen"

Melodische Struktur und Einfachheit

Die Melodie von „Alle meine Entchen" ist bewusst einfach gehalten, was es Kindern erleichtert, sie nachzusingen und ein musikalisches Gefühl für Wiederholung und Harmonie zu entwickeln. Das Lied ist in einem Dur-Ton, in der Regel C-Dur, geschrieben, was als eine der zugänglichsten und freundlichsten Tonarten gilt und den Klang warm und einladend macht. Die Tonfolge bewegt sich in einem engen Tonumfang und besteht hauptsächlich aus auf- und absteigenden Intervallen, die das natürliche „Schwimmen" der Enten musikalisch nachahmen und dem Hörer ein beruhigendes Gefühl verleihen.

Die Hauptmelodie umfasst wenige Töne und setzt auf einfache Schrittbewegungen, die musikalisch ein Bild von sanftem Gleiten und kontinuierlicher Bewegung schaffen. Diese Form der melodischen Einfachheit hat auch einen psychologischen Nutzen: Die repetitive Struktur und der begrenzte Tonumfang sind optimal für Kinder, die noch in der Anfangsphase des Musizierens stehen und durch diese Melodie ein Gefühl für den Aufbau einer Melodie entwickeln können. Dadurch fördert das Lied die musikalische Erziehung auf eine sanfte, intuitive Weise.

Harmonische Analyse und Akkordfolge

Harmonisch gesehen ist „Alle meine Entchen" in seiner Grundstruktur meist auf zwei bis drei Akkorde beschränkt, oft I-IV-V (Tonika, Subdominante und Dominante). Diese einfache harmonische Struktur ermöglicht es auch unerfahrenen Musikern, das Lied zu begleiten, und ist eine typische Akkordfolge für Kinderlieder, da sie harmonisch stabil ist und ein Gefühl von Abschluss und Zufriedenheit erzeugt. In C-Dur würde diese Akkordfolge den Akkorden C (Tonika), F (Subdominante) und G (Dominante) entsprechen, die wiederum den Kreis der Grundharmonien bilden und für eine harmonische Vollständigkeit sorgen.
Die harmonische Struktur spiegelt damit den beruhigenden Charakter des Textes wider, da es keine komplexen Akkordverbindungen oder Modulationen gibt, die Spannung erzeugen könnten. Vielmehr bleibt die Harmonie statisch und stabil, was die ruhige und sichere Atmosphäre unterstützt, die in dem Lied vermittelt werden soll. Diese simplen harmonischen Beziehungen sind besonders nützlich für Kinder, die dadurch grundlegende musikalische Prinzipien wie die Bedeutung der Tonika und die Funktion von Subdominante und Dominante spielerisch kennenlernen.

Rhythmische Elemente und Metrum

Das Lied ist im 4/4-Takt verfasst, der als sehr „natürlich" empfunden wird und in vielen traditionellen und modernen Stücken verwendet wird. Der 4/4-Takt passt gut zur ruhigen Natur des Liedes und lässt sich leicht zählen, was es Kindern ermöglicht, ein Rhythmusgefühl zu entwickeln, ohne dass der Rhythmus zu anspruchsvoll wird. Die Notenwerte sind vorwiegend Viertel- und halbe Noten, was ebenfalls zur Einfachheit und Stabilität der Melodie beiträgt und die rhythmische Klarheit des Liedes unterstützt. Die gleichmäßigen Betonungen im 4/4-Takt verleihen dem Lied einen sanften Fluss, der das Bild der gleichmäßigen, ruhigen Bewegung der Enten im Wasser wiedergibt. Im Gegensatz zu einem schnelleren oder ungeraden Takt vermittelt der 4/4-Rhythmus Ruhe und Beständigkeit. Kinder können so beim Singen des Liedes lernen, wie Rhythmus und Takt eine emotionale Wirkung erzeugen können – in diesem Fall eine beruhigende und gleichmäßige Stimmung.

Dynamik und Ausdruck

„Alle meine Entchen" ist ein leises, intimes Lied, das häufig in mittlerer bis leiser Lautstärke gesungen wird, um eine sanfte und beruhigende Wirkung zu erzielen. Die Dynamik ist konstant und erfordert keine lauten oder plötzlichen Änderungen, was wiederum zu einem Gefühl von Stabilität und Sicherheit beiträgt. Diese Art von Dynamik hilft Kindern, eine Verbindung zwischen Lautstärke und emotionaler Wirkung herzustellen, indem sie lernen, dass leise Töne und eine gleichmäßige Lautstärke eine ruhige, entspannte Atmosphäre schaffen.

Im musikpädagogischen Kontext wird das Lied oft auch als Einschlaf- oder Wiegenlied genutzt, was auf die beruhigende Wirkung der gleichmäßigen, leisen Dynamik zurückzuführen ist. Studien zeigen, dass gleichmäßige und vorhersehbare Dynamiken besonders auf Kinder beruhigend wirken und helfen, den Herzschlag zu verlangsamen und das allgemeine Wohlbefinden zu fördern. Diese Art der dynamischen Stabilität ist daher nicht nur ästhetisch, sondern auch pädagogisch wertvoll.

Vergleich zu anderen Kinderliedern und musikalische Verwandtschaften

Musikalisch ähnelt „Alle meine Entchen" vielen anderen traditionellen Kinderliedern, die ebenfalls auf simplen harmonischen und rhythmischen Strukturen basieren. Besonders in der deutschen Musiktradition finden sich vergleichbare Stücke wie „Hänschen klein" oder „Schlaf, Kindlein, schlaf", die ebenfalls eine schlichte Melodie und eine ähnliche harmonische Basis verwenden. Die musikalische Schlichtheit dieser Lieder ist eine bewusste Wahl, die darauf abzielt, die musikalische Erziehung und den Spracherwerb zu unterstützen, ohne die Kinder zu überfordern.

In der internationalen Musik gibt es ebenfalls Stücke, die der Melodieführung und Struktur von „Alle meine Entchen" ähneln, beispielsweise das amerikanische „Twinkle, Twinkle, Little Star" oder

„Row, Row, Row Your Boat". Diese Stücke nutzen ähnliche harmonische und rhythmische Muster, um eine ruhige und freundliche Atmosphäre zu erzeugen. Dieser Vergleich zeigt, dass „Alle meine Entchen" in eine lange Tradition von Liedern eingebettet ist, die einfache, beruhigende Melodien und harmonische Strukturen zur Förderung der musikalischen Bildung verwenden.

Musikalische Adaptionen und moderne Interpretationen

Seit den späten 20er Jahren des 20. Jahrhunderts wurden verschiedene Arrangements und Adaptionen von „Alle meine Entchen" in zahlreichen musikalischen Genres produziert. Besonders bekannt ist die jazzige Version des Liedes, in der die einfache Melodie durch komplexere Harmonien und eine Swing-Rhythmik erweitert wird. Solche musikalischen Adaptionen bieten eine neue Perspektive auf das Lied und erweitern dessen potenzielles Publikum über den Kindheitskontext hinaus.
Einige moderne Musiker haben das Lied auch in elektronischer oder minimalistischer Form interpretiert, wobei die Melodie oft mit Synthesizern oder anderen elektronischen Klängen angereichert wird, um einen nostalgischen Effekt zu erzielen. Diese modernen Interpretationen, die oft für ein erwachsenes Publikum gedacht sind, schaffen eine Art ironische oder sentimentale Distanz zum ursprünglichen Kinderlied und zeigen, wie flexibel

die Melodie von „Alle meine Entchen" ist, wenn sie in verschiedenen Kontexten neu arrangiert wird.

Zusammengefasst bietet die musikalische Struktur von „Alle meine Entchen" eine Vielfalt an Möglichkeiten für pädagogische und künstlerische Zwecke. Die Melodie ist einfach, harmonisch stabil und leicht einprägsam, was sie ideal für die frühkindliche musikalische Bildung macht. Gleichzeitig eröffnet die Klarheit und Eingängigkeit der Musik viele Möglichkeiten für Neuinterpretationen und Adaptionen, die das Lied in verschiedenen musikalischen Genres und kulturellen Kontexten zugänglich machen.

4. Rezeption und Wirkung von „Alle meine Entchen"

Frühzeitige Rezeption und Akzeptanz in der Gesellschaft

„Alle meine Entchen" wurde ab dem späten 19. Jahrhundert zu einem festen Bestandteil der deutschen Kultur, insbesondere in der Kindererziehung und in Familien. Die ersten dokumentierten Verwendungen in pädagogischen Einrichtungen belegen die starke Resonanz, die das Lied sowohl bei Kindern als auch bei Erziehern fand. Es passte ideal in das Konzept der aufstrebenden Kindergartenbewegung und war bei den Lehrern beliebt, da es einfach und vielseitig einsetzbar war. Lehrer und Eltern lobten das Lied für seine Einfachheit und seine Fähigkeit, Kinder auf natürliche Weise an Musik und Natur heranzuführen. Zu Beginn des 20. Jahrhunderts galt es bereits als unverzichtbares Kinderlied, das in den meisten Kindergärten und Grundschulen gesungen wurde.

Die Resonanz des Liedes war von Anfang an positiv, da es Kindern ein Gefühl der Geborgenheit und Freude vermittelte. Einige pädagogische Berichte aus der Zeit betonen, dass „Alle meine Entchen" oft als Einschlaf- oder Beruhigungslied verwendet wurde, weil die sanfte Melodie und der gleichmäßige Rhythmus besonders beruhigend auf Kinder wirkten. Viele Eltern und Pädagogen sahen es auch als eine Möglichkeit, Kindern erste Naturbilder und den

Respekt vor Tieren nahezubringen. So wurde das Lied zu einem festen Bestandteil von Ritualen, die bis heute in Kindergärten und Familien weitergeführt werden.

Langfristige kulturelle Bedeutung und Adaptionen

Mit der Zeit entwickelte sich „Alle meine Entchen" zu einem kulturellen Symbol, das weit über den eigentlichen pädagogischen Kontext hinaus Bedeutung erlangte. In den folgenden Jahrzehnten wurde das Lied nicht nur in Deutschland, sondern auch in anderen Ländern aufgegriffen, sei es durch Einwanderer oder durch kulturelle Austauschprogramme. Es symbolisiert einen Teil der deutschen Kinderkultur und ist ein Beispiel für die universelle Attraktivität einfacher, naturverbundener Motive in der Kindermusik.
In Deutschland wurde das Lied mehrfach adaptiert, und es gab Versuche, es in unterschiedlichen Musikstilen und Medien zu verwenden. Die Melodie tauchte in verschiedenen Variationen in populären Kindersendungen, Hörspielen und sogar in einigen Film- und Fernsehmusikstücken auf, wobei es oft für seine nostalgische oder unschuldige Wirkung genutzt wurde. In humoristischen Kontexten wurde das Lied auch gelegentlich in kabarettistischen oder satirischen Programmen verwendet, in denen es als Symbol für Kindheit und Unschuld diente.

Einfluss auf die Kindermusik und Popkultur

„Alle meine Entchen" beeinflusste die Kindermusik über Generationen hinweg und diente als Vorbild für die Komposition anderer einfacher Kinderlieder. Die Tradition, Tiere und Naturbilder in kindgerechten Melodien zu verwenden, ist heute noch stark in der deutschsprachigen Kindermusik verankert und geht auf solche frühen Lieder zurück. Die einfache Struktur und die beruhigende Wirkung des Liedes haben dazu beigetragen, dass es als Blaupause für ähnliche Lieder dient, die ebenfalls auf die Bedürfnisse von Kindern zugeschnitten sind und oft Naturbilder verwenden.
In der Popkultur wurde das Lied teilweise persifliert oder in humorvollen Kontexten verwendet, um nostalgische oder humorvolle Effekte zu erzielen. Musiker und Künstler nutzten die Melodie oder die Struktur des Liedes, um sie in neuen, oft ironischen Kontexten darzustellen, beispielsweise in TV-Sendungen oder Kabarettprogrammen. Diese populärkulturellen Anwendungen unterstreichen die Rolle von „Alle meine Entchen" als fest verwurzeltes Stück deutscher Kultur, das sowohl Ernsthaftigkeit als auch spielerische, humorvolle Interpretationen zulässt.

Pädagogische und therapeutische Wirkung

In den letzten Jahrzehnten hat sich die wissenschaftliche und therapeutische Verwendung von „Alle meine Entchen" zunehmend etabliert. Studien haben gezeigt, dass Lieder wie „Alle meine Entchen" eine beruhigende Wirkung auf Kinder haben und zur Regulierung von Emotionen beitragen können. Durch die einfache, eingängige Melodie und den beruhigenden Rhythmus wird das Lied heute in der Musiktherapie verwendet, insbesondere bei der Arbeit mit kleinen Kindern oder bei Kindern, die Schwierigkeiten mit emotionaler Regulierung haben. Das Lied schafft eine vertraute Umgebung, die Kinder beruhigt und ihnen ein Gefühl von Geborgenheit vermittelt. In der Musikpädagogik gilt das Lied als „Einstiegslied", das sich besonders gut eignet, um das Interesse an Musik zu wecken und eine erste Verbindung zur musikalischen Welt zu schaffen. Kinder, die das Lied in ihren ersten Lebensjahren singen, entwickeln oft eine positive Einstellung zur Musik und ein Interesse an musikalischen Aktivitäten. Diese frühen Erfahrungen können die Grundlage für ein lebenslanges Interesse an Musik und kreativen Ausdrucksmöglichkeiten legen.

Rezeption in der modernen Musik- und Erziehungstheorie

Moderne Ansätze in der Musik- und Erziehungstheorie haben „Alle meine Entchen" und ähnliche Kinderlieder als „sensorische Sicherheitsanker" untersucht. Die beruhigende Wirkung, die das Lied auf die Hörer ausübt, ist zu einem Forschungsgegenstand in der Neuropsychologie geworden, wo Forscher untersuchen, wie einfache musikalische

Strukturen das Gehirn stimulieren und eine beruhigende Wirkung haben können. Das Lied wird auch in der Familienforschung oft als Beispiel für generationenübergreifende Traditionen angeführt, die in vielen Familien an die nächste Generation weitergegeben werden und zur emotionalen Bindung beitragen.

Insgesamt zeigt die Rezeption von „Alle meine Entchen", dass es weit mehr ist als nur ein Kinderlied – es ist ein kulturelles Gut, das eine Vielzahl von Bedeutungen und Einflüssen in sich trägt. Ob als pädagogisches Mittel, therapeutisches Werkzeug oder nostalgisches Symbol in der Popkultur, das Lied hat sich im Laufe der Zeit als äußerst vielseitig erwiesen und bleibt ein wertvolles Stück deutscher Kulturgeschichte.

Wirkung und Bedeutung für die kindliche Entwicklung

„Alle meine Entchen" hat seit seiner Entstehung eine tiefgreifende Wirkung auf die kindliche Entwicklung und wird in verschiedenen Bereichen der frühkindlichen Förderung eingesetzt. Musikpädagogen und Entwicklungspsychologen betonen, dass das Lied nicht nur ein unterhaltsames, sondern auch ein förderliches Element in der Erziehung ist. Studien haben gezeigt, dass Kinder, die regelmäßig einfache Lieder wie „Alle meine Entchen" hören oder singen, eine erhöhte Sprach- und Rhythmuskompetenz entwickeln. Der regelmäßige Einsatz des Liedes stärkt das musikalische und rhythmische Verständnis der

Kinder und fördert gleichzeitig die Sprachentwicklung, da Kinder die Melodien und Texte spielerisch wiederholen und dabei grundlegende sprachliche Muster erfassen.

Kognitive Entwicklung und Gedächtnisförderung

Im Bereich der kognitiven Entwicklung ist das Lied „Alle meine Entchen" ebenfalls von Bedeutung. Die einfache Struktur und die Wiederholung von Melodie und Text unterstützen das Kurz- und Langzeitgedächtnis. Da das Lied aufgrund seiner klaren Melodie leicht zu merken ist, fördert es das Gedächtnis und die Erinnerungsfähigkeit von Kindern. Untersuchungen in der Musikpsychologie belegen, dass solche einfachen Lieder dabei helfen, Muster und Strukturen zu erkennen, was wiederum die Fähigkeit zur Mustererkennung und logischem Denken fördert – beides wichtige Fähigkeiten, die auch in der schulischen Bildung eine Rolle spielen.

Soziale und emotionale Entwicklung

Ein weiterer Bereich, in dem „Alle meine Entchen" positive Effekte zeigt, ist die soziale und emotionale Entwicklung von Kindern. Das gemeinsame Singen stärkt das Gemeinschaftsgefühl und schafft eine angenehme, entspannte Atmosphäre, die Kinder oft als beruhigend empfinden. In Kindergruppen oder Klassen ermöglicht das Lied den Kindern, in einen gemeinsamen Rhythmus und eine gemeinsame Melodie einzutauchen, wodurch ein Gefühl der Zusammengehörigkeit entsteht. Diese sozialen Erfahrungen sind wichtig, da sie

Kinder lehren, sich in Gruppen einzufügen und das Miteinander zu genießen.
Musiktherapeuten verwenden „Alle meine Entchen" häufig in Gruppen- oder Einzeltherapien für Kinder, um das emotionale Wohlbefinden zu fördern. Die einfache Melodie und die kindgerechten Bilder im Text tragen dazu bei, dass sich die Kinder in eine vertraute und sichere Umgebung versetzt fühlen. Gerade für Kinder mit sozialen Schwierigkeiten oder emotionalen Belastungen bietet das Lied eine Gelegenheit, sich auszudrücken und mit anderen in Kontakt zu treten.

Universelle Attraktivität und globale Rezeption

„Alle meine Entchen" ist nicht nur in Deutschland bekannt, sondern hat durch kulturelle und pädagogische Austauschprogramme auch eine internationale Verbreitung erfahren. In den letzten Jahrzehnten wurde das Lied in verschiedene Sprachen übersetzt und an kulturelle Gegebenheiten angepasst, um es auch in anderen Ländern in der frühkindlichen Erziehung zu verwenden. In den USA und Kanada wird das Lied häufig in den Deutschprogrammen von Schulen eingesetzt, um kulturelle Verbindungen zu fördern und das Interesse an der deutschen Sprache zu wecken. Auch in Ländern wie Japan und Südkorea wird „Alle meine Entchen" gelegentlich als Beispiel für deutsche Kinderlieder herangezogen, wodurch das Lied eine Brücke zwischen Kulturen bildet.

Moderne Interpretationen und Bedeutung in der Popkultur

Im 21. Jahrhundert hat „Alle meine Entchen" auch Einzug in die Popkultur gehalten und wurde in verschiedenen Kontexten neu interpretiert. Künstler und Musiker, die nostalgische oder spielerische Elemente in ihre Werke einfließen lassen möchten, nutzen das Lied oft, um eine Verbindung zur Kindheit herzustellen. Es gab Adaptionen in Jazz, elektronische Musik und sogar im Hip-Hop, in denen die Melodie ironisch oder humorvoll verwendet wurde, um eine kontrastierende Wirkung zu erzielen. Diese modernen Interpretationen verdeutlichen, wie tief das Lied in der Kultur verankert ist und wie es als universelles Symbol für Kindheit und Unschuld verstanden wird.

Ein prominentes Beispiel ist die Verwendung von „Alle meine Entchen" in Filmen und TV-Serien, wo es häufig als musikalischer Kontrast zu dramatischen oder gruseligen Szenen eingesetzt wird. Diese Anwendung schafft eine emotionale Spannung, indem sie die Unschuld des Kinderliedes mit intensiveren visuellen Eindrücken kombiniert. So wird „Alle meine Entchen" zu einem Symbol für verlorene Unschuld und kindliche Erinnerungen, das eine fast paradoxe Wirkung erzeugt, wenn es in einem untypischen Kontext auftaucht.

Zusammenfassung der Rezeption und kulturellen Bedeutung

Insgesamt zeigt die Rezeption von „Alle meine Entchen", dass das Lied eine enorme Vielseitigkeit und kulturelle Tiefe besitzt. Es reicht von einem einfachen pädagogischen Hilfsmittel über eine Quelle der sozialen und emotionalen Unterstützung bis hin zu einem Symbol in der Popkultur. Ob in pädagogischen Kontexten, therapeutischen Sitzungen oder künstlerischen Adaptionen – „Alle meine Entchen" hat seinen Platz in der deutschen Kultur gefunden und ist auch weltweit zu einem bekannten und geschätzten Lied geworden. Die vielschichtige Bedeutung und der anhaltende Einfluss des Liedes machen es zu einem einzigartigen Phänomen in der Kinderlied-Tradition, das noch viele zukünftige Generationen begleiten und inspirieren wird.

5. Performances und Interpretationen von „Alle meine Entchen"

Traditionelle Darbietungen im pädagogischen Kontext

„Alle meine Entchen" ist ein Klassiker, der häufig in traditionellen pädagogischen Kontexten wie Kindergärten, Schulen und bei Familienfeiern gesungen wird. Typischerweise wird das Lied a cappella oder mit einfacher Klavier- oder Gitarrenbegleitung vorgetragen, um den Fokus auf die Melodie und den Text zu legen. Besonders in Kindergärten wird das Lied oft mit Bewegungen kombiniert – Kinder imitieren das Schwimmen oder das Eintauchen der Enten ins Wasser, was sowohl die Motorik fördert als auch den Kindern hilft, eine tiefere emotionale Bindung zum Lied aufzubauen.

Diese Darbietungen schaffen eine starke Verbindung zur Natur und vermitteln den Kindern eine Vorstellung von Rhythmus und Melodie. Musikpädagogen schätzen das Lied für seine Möglichkeit, Kindern erste musikalische Erfahrungen zu vermitteln, da es leicht zu erlernen und verständlich ist. Die Kombination aus Gesang und Bewegung wird im pädagogischen Umfeld oft genutzt, um Kindern ein ganzheitliches musikalisches Erlebnis zu bieten.

Berühmte Aufnahmen und musikalische Variationen

„Alle meine Entchen" wurde mehrfach professionell aufgenommen und in verschiedenen musikalischen Stilen interpretiert. Eine der bekanntesten Aufnahmen stammt aus den 1950er Jahren, als das Lied in einem Chor-Arrangement veröffentlicht wurde. Diese Version, die mit sanften Harmonien und Kinderstimmen arbeitet, wurde in Deutschland populär und beeinflusste später zahlreiche Neuaufnahmen. In den folgenden Jahrzehnten entstanden Versionen, die Jazz- oder Swing-Elemente enthielten und das traditionelle Kinderlied in einem neuen musikalischen Licht erscheinen ließen.

Die harmonischen Variationen, die in diesen Interpretationen eingeführt wurden, betonen die Melodie und machen das Lied für ein breiteres Publikum attraktiv. Musiker und Arrangeure spielen oft mit den Akkorden und erweitern die ursprüngliche Harmoniestruktur, um dem Lied eine tiefere emotionale Wirkung zu verleihen. So gibt es beispielsweise Jazz-Interpretationen, in denen die einfache Melodie durch komplexere Akkorde und einen rhythmischen Swing ergänzt wird, was das Lied modern und gleichzeitig nostalgisch wirken lässt.

Humorvolle und ironische Adaptionen in der Popkultur

Neben den traditionellen und pädagogischen Aufführungen gibt es zahlreiche humorvolle und ironische Interpretationen, die das Kinderlied in unerwarteten Kontexten verwenden. Komiker und Satiriker nutzen „Alle meine Entchen" häufig als Kontrast, um Themen wie Unschuld, Kindheit oder Nostalgie zu unterstreichen und gleichzeitig zu brechen. In Fernsehshows und Filmen wird das Lied manchmal in Szenen verwendet, die bewusst „unschuldig" erscheinen sollen, um anschließend mit einem unerwarteten Handlungsumschwung oder einer überraschenden Wendung zu konfrontieren. Diese Darbietungen nutzen die kindliche Assoziation des Liedes, um beim Publikum eine paradoxe emotionale Wirkung zu erzielen. Ein berühmtes Beispiel für eine solche ironische Adaption ist die Verwendung des Liedes in Sketch-Shows, in denen es von erwachsenen Schauspielern in übertriebener Weise gesungen wird, um eine absurde Situation zu erzeugen. Diese Darbietungen heben die Einfachheit des Liedes hervor und nutzen es als Stilmittel, um humorvolle Kontraste zu schaffen, die das Publikum gleichzeitig nostalgisch und belustigt ansprechen.

Moderne Arrangements und elektronische Interpretationen

In den letzten Jahren haben elektronische Musiker und Produzenten „Alle meine Entchen" in ein neues Genre eingeführt, indem sie die Melodie mit elektronischen Elementen kombinieren. Solche modernen Arrangements verwenden oft Synthesizer und digitale Effekte, um eine nostalgische, aber dennoch zeitgemäße Version des Liedes zu schaffen. Diese Adaptionen sind oft instrumental und stellen die Melodie in den Vordergrund, während die Harmonien und Rhythmen modernisiert werden. Einige elektronische Versionen des Liedes haben sogar Einzug in die Clubszene gehalten und finden sich als Teil von Sets oder Remixen, die einen humorvollen Kontrast zur üblichen Clubmusik bieten.
Die Verwendung elektronischer Instrumente und die Anpassung der Melodie an moderne Musikgenres zeigt die Anpassungsfähigkeit von „Alle meine Entchen". Die elektronische Musikszene schätzt das Lied als Grundlage für kreative Neuinterpretationen, die sowohl die traditionelle Melodie respektieren als auch das Lied für ein jüngeres, oft urbanes Publikum zugänglich machen.

Zusammenfassung der Performances und Interpretationen

„Alle meine Entchen" hat sich über die Jahre als erstaunlich vielseitig erwiesen und ist in zahlreichen musikalischen und kulturellen Kontexten präsent. Ob als traditionelles Kinderlied, humorvolle Parodie, elektronischer Remix oder pädagogisches Instrument – die Vielzahl der Interpretationen zeigt die Bedeutung des Liedes in der deutschen Kultur. Von sanften Kinderchören bis hin zu ironischen Performances und modernen Club-Arrangements hat das Lied seinen Platz in verschiedenen Musikrichtungen gefunden. Die Flexibilität von „Alle meine Entchen" ermöglicht es, sowohl nostalgische Gefühle hervorzurufen als auch die Melodie in neuen, kreativen Wegen zu erleben.

6. Kulturelle und intermediale Einflüsse von „Alle meine Entchen"

Verwendung in Literatur und Poesie

„Alle meine Entchen" hat im Laufe der Jahre eine symbolische Bedeutung gewonnen, die es gelegentlich in die Literatur und Poesie finden ließ, meist als Metapher für Kindheit, Unschuld und die Natur. Einige zeitgenössische Autoren haben das Lied in Geschichten oder Gedichten verwendet, um nostalgische oder unschuldige Szenen darzustellen. Die Erwähnung des Liedes weckt oft Assoziationen an die frühkindliche Unbeschwertheit und die einfache Freude am Beobachten von Tieren. In Erzählungen und Gedichten wird das Lied beispielsweise als Ausdruck von Geborgenheit oder als Erinnerung an unbeschwerte Kindertage eingesetzt. So wird es zu einem Symbol für verlorene Unschuld oder für das einfache Glück der Kindheit.
Darüber hinaus taucht „Alle meine Entchen" in Kinderbüchern als Teil der Beschreibung von Alltagsritualen oder traditionellen Bräuchen auf. Es repräsentiert eine „alte" Art des Kindseins und dient oft als Kontrast zur heutigen, zunehmend digitalisierten Kindheit. Diese literarischen Verwendungen tragen zur Erhaltung des Liedes bei und erinnern daran, dass es ein fester Bestandteil des kulturellen Gedächtnisses ist.

Einbindung in Film und Fernsehen

„Alle meine Entchen" wird häufig in Filmen und TV-Serien verwendet, besonders in Szenen, die ein Gefühl von Unschuld oder Nostalgie hervorrufen sollen. Ein bekanntes Beispiel ist die Einbindung des Liedes in nostalgische oder „flashback"-Szenen, die das einfache Leben und die Kindheit idealisieren. Im deutschen Fernsehen findet sich das Lied oft in Kindersendungen oder wird als Hintergrundmusik verwendet, wenn Themen wie Familie, Heimat und Geborgenheit dargestellt werden.

Interessanterweise wird das Lied manchmal auch ironisch oder sogar kontrastierend eingesetzt. In düsteren oder dramatischen Szenen kann das unschuldige Kinderlied als Gegensatz zur düsteren Handlung dienen, um Spannung zu erzeugen oder einen Kontrast zwischen unschuldigen Kindheitserinnerungen und einer bedrohlichen Realität darzustellen. Dies zeigt, dass „Alle meine Entchen" vielseitig eingesetzt werden kann und eine starke Wirkung auf die Emotionen des Publikums hat, die über seine eigentliche Bedeutung als Kinderlied hinausgeht.

Adaptionen und Remixe in der Musikindustrie

In der modernen Musikindustrie wurde „Alle meine Entchen" gelegentlich aufgegriffen und in unterschiedlichen musikalischen Stilen interpretiert. Neben den bereits erwähnten Jazz- und elektronischen Adaptionen haben einige Künstler das Lied auch in Form von Remixen oder Sampling für eigene Werke verwendet. Solche Versionen erscheinen oft in humoristischen oder experimentellen Kontexten und richten sich häufig an ein erwachsenes Publikum, das das Lied aus seiner Kindheit kennt und durch die ironische oder nostalgische Darstellung anspricht. Einige deutsche Indie- und Elektro-Musiker haben die Melodie oder den Text von „Alle meine Entchen" als Grundlage für kreative Remixe genutzt, die entweder die Originalmelodie beibehalten oder sie stark verändern, um einen kontrastierenden Effekt zu erzielen. In diesen Fällen dient das Lied als kulturelles Ausgangsmaterial, das durch die neue musikalische Umgebung eine neue, oft humorvolle Bedeutung erhält. Das moderne Publikum, das das Lied in einem ungewohnten Kontext hört, erlebt dabei eine Art Wiederentdeckung und Reflexion über die eigene Kindheit und deren Musik.

Verwendungen im Theater und in der bildenden Kunst

„Alle meine Entchen" findet auch in der Theater- und Kunstszene Verwendung, wo es als Symbol für Nostalgie, Kindheit und Unschuld dient. Im Theater wird das Lied manchmal als Teil der Inszenierung genutzt, um ein Bild von ländlichem Leben oder Familienidylle zu erzeugen. In einigen Stücken wird das Lied gesungen oder gespielt, um die friedliche Atmosphäre einer bestimmten Szene zu betonen, oder es wird absichtlich in einen düsteren Kontext gesetzt, um eine bedrückende oder bedrängende Stimmung zu schaffen.

In der bildenden Kunst taucht das Motiv von „Alle meine Entchen" gelegentlich in Gemälden oder Installationen auf, die Kindheit und die Beziehung zur Natur darstellen. Künstler, die sich mit Themen wie Erinnerung und Nostalgie beschäftigen, greifen manchmal auf solche kulturellen Symbole zurück, um eine bestimmte Zeit oder ein bestimmtes Gefühl zu repräsentieren. Die einfache Melodie und die kindliche Assoziation des Liedes ermöglichen es den Künstlern, eine Verbindung zur kollektiven Erinnerung an die Kindheit herzustellen.

Symbol für Kindheit und universelle Unschuld

Insgesamt hat „Alle meine Entchen" eine symbolische Bedeutung erlangt, die über die eigentliche Melodie und den Text hinausgeht. Es steht nicht nur für Kindheit und

Naturverbundenheit, sondern auch für die Nostalgie und das kollektive Gedächtnis, das viele Menschen mit ihren frühen Jahren verbinden. Durch die Verwendung in unterschiedlichen Medien wie Literatur, Film, Musik und bildender Kunst hat sich das Lied zu einem universellen Symbol entwickelt, das Emotionen und Erinnerungen anspricht. Es wird sowohl in Deutschland als auch darüber hinaus als kulturelles Element geschätzt, das die einfache und doch tiefe Verbindung zur Kindheit bewahrt und vermittelt.

7. Zusammenfassung und wissenschaftlicher Beitrag von „Alle meine Entchen"

Zusammenfassung der wichtigsten Erkenntnisse

Die Analyse von „Alle meine Entchen" zeigt, dass dieses scheinbar einfache Kinderlied eine beeindruckende kulturelle, musikalische und pädagogische Tiefe besitzt. Der historische Kontext des Liedes offenbart, wie es im 19. Jahrhundert entstand und sich als wichtiges Erziehungsmittel etablierte. Die textliche Analyse unterstreicht die Symbolik des Wassers und der Natur, welche die Unschuld und Geborgenheit der Kindheit widerspiegeln und durch den wiederholenden Text jungen Kindern Sprachrhythmus und sprachliche Strukturen näherbringen.

Musikalisch betrachtet ist „Alle meine Entchen" aufgrund seiner simplen, aber effektiven Harmonien und Melodien besonders einprägsam und hat sich so in das kulturelle Gedächtnis eingebrannt. Die einfache musikalische Struktur unterstützt die Sprach- und Rhythmusentwicklung und zeigt sich als ideales Lernmittel. Zudem hat die Rezeption des Liedes in Film, Literatur, und sogar moderner Popkultur die Vielseitigkeit und Symbolkraft dieses Volksliedes bestätigt, das sowohl ernsthaft als auch humorvoll genutzt werden kann.

Die Performance- und Interpretationsgeschichte hebt hervor, wie flexibel das Lied ist – es lässt sich von traditionellen Aufführungen bis hin zu modernen elektronischen Remixes adaptieren, was es für verschiedene Generationen und

kulturelle Zusammenhänge immer wieder neu
erlebbar macht.

Wissenschaftlicher Beitrag und Bedeutung für zukünftige Forschung

„Alle meine Entchen" ist nicht nur ein Lied,
sondern ein kulturelles Phänomen, das Einblicke in
kollektive Erinnerungen und pädagogische Werte
bietet. In der Musikwissenschaft kann das Lied als
Modell für die Analyse von Kindermusik dienen
und zeigt, wie eine einfache Melodie emotional
und intellektuell wirkungsvoll sein kann. Die
Neurowissenschaften könnten sich weiter mit der
beruhigenden Wirkung solcher Kinderlieder
beschäftigen, um die Bedeutung simpler
musikalischer Strukturen für die frühkindliche
Entwicklung besser zu verstehen.
Zukünftige Forschung könnte auch die
interkulturellen Aspekte des Liedes vertiefen. Es
wäre spannend zu untersuchen, wie „Alle meine
Entchen" in anderen Kulturen adaptiert und
wahrgenommen wird und wie universell die
einfachen, naturverbundenen Bilder in
Kinderliedern weltweit sind. Dabei könnten auch
die Veränderungen in der Wahrnehmung des
Liedes durch die zunehmende Digitalisierung der
Kindheit und die moderne Medienwelt analysiert
werden.
Insgesamt bleibt „Alle meine Entchen" ein
faszinierendes Beispiel dafür, wie ein Kinderlied zu
einem kulturellen Symbol wird und durch
Generationen hinweg seine Bedeutung bewahrt.
Die Vielseitigkeit des Liedes als musikalisches,

pädagogisches und kulturelles Werkzeug zeigt,
dass auch einfache Werke eine starke und
bleibende Wirkung haben können.